SOCIÉTÉ INDUSTRIELLE
du Nord de la France.
DÉCLARÉE D'UTILITÉ PUBLIQUE PAR DÉCRET DU 12 AOÛT 1874.

PRODUCTION ET COMMERCE
DES
LAINES D'AUSTRALIE

PAR M. A. RENOUARD,
INGÉNIEUR CIVIL,
Manufacturier à Lille.

LILLE
IMPRIMERIE L. DANEL.
1887

SOCIÉTÉ INDUSTRIELLE
du Nord de la France.
DÉCLARÉE D'UTILITÉ PUBLIQUE PAR DÉCRET DU 12 AOUT 1874.

PRODUCTION ET COMMERCE DES LAINES D'AUSTRALIE

Par M. A. RENOUARD,
INGÉNIEUR CIVIL,
Manufacturier à Lille.

LILLE
IMPRIMERIE L. DANEL.
1887.

SOCIÉTÉ INDUSTRIELLE
du Nord de la France.

La Société n'est pas solidaire des opinions émises par ses Membres dans les discussions, ni responsable des Notes ou Mémoires publiés dans le Bulletin.

PRODUCTION ET COMMERCE
DES
LAINES D'AUSTRALIE

Par M. A. RENOUARD,
INGÉNIEUR CIVIL,
Manufacturier à Lille.

Les origines de l'industrie pastorale en Australie.

Il n'est guère de pays où l'industrie pastorale ait pris une extension plus rapide que sur le continent australien.

L'origine de la population ovine y date suivant les uns de 1789, alors que les baleiniers anglais, pêchant dans les mers du Sud, capturèrent un navire espagnol qui conduisait au Pérou trente étalons mérinos pour les acclimater dans la contrée et les débarquèrent en Australie; suivant les autres de 1788, époque où les premiers moutons auraient été débarqués à Port-Jackson, aujourd'hui Sydney, en même temps que les premiers convicts.

Quoiqu'il en soit, il est certain que les moutons, importés en l'une ou l'autre année, trouvèrent immédiatement sur ce sol océanien des pâturages parfaitement appropriés à la production de la laine et à l'élevage, car ils se multiplièrent au point de s'accroître dans de notables proportions.

Longtemps cependant le mouton fut considéré comme un animal rare en Australie, nous en trouvons la preuve dans une vente conservée dans les archives, qui fut faite en 1792 au prix de 265 francs la tête. Ce fut le capitaine Mac Arthur, l'un des premiers concessionnaires qui après avoir acheté quelques moutons indiens pour le ravitaillement de la colonie, s'aperçut le premier que sous l'influence d'un climat tempéré, la toison dure et grossière de ces animoux acquérait des qualités de douceur et de finesse qui devaient la faire rechercher de l'industrie.

Mac Arthur commença par croiser ses moutons indiens avec des moutons du Cap qu'il trouva sous sa main, il en obtint une première amélioration au point de vue de la taille. Ces premiers résultats obtenus, il croisa ses moutons avec d'autres bêtes importés d'Irlande; cet autre croisement amena l'amélioration dans la laine. Les métis Cap et Inde lui avaient donné des animaux à poils, les derniers croisés attirèrent son attention sur l'élevage du mouton pour sa toison.

A partir de ce moment l'accroissement devint de plus en plus rapide; en 1796, il était de 1531. Le prix du mouton cependant avait bien peu varié; une brebis valait encore 150 à 200 fr. la viande de mouton était cotée 1 fr. 60 la livre.

L'introduction du véritable mérinos de 1797 changea cette situation. Deux des amis de Mac Arthur, les capitaines Kent et Watherhouse, envoyés fortuitement par le gouvernement de l'Australie au Cap de Bonne Espérance pour y chercher des approvisionnements, furent chargés par lui-même de rapporter en Australie les moutons à laine qu'ils pourraient trouver. A leur arrivée au Cap, un éleveur de mérite le colonel Gordon, venait de mourir, laissant un beau troupeau de mérinos purs qui était justement mis en vente: ils se présentèrent aux enchères et l'achetèrent un prix fort élevé. Malheureusement, l'embarquement, le mauvais état de mer et diverses circonstances en firent périr la majeure partie: quand ils débarquèrent à Port-Jackson, il ne restait plus que cinq brebis et trois béliers. Ce fut néanmoins la première souche des bêtes à laine australiennes.

A la fin de cette année même, on comptait en Australie 2,457 moutons; en 1800, ce chiffre devient 6,124. Encouragés par Mac Arthur, d'autres colons s'étaient fait éleveurs, Kent et Watherhouse des premiers. Quand au premier introducteur lui-même il ne cessait de donner tous ses soins à l'extension de sa bergerie. Dans un journal qu'il tint régulièrement pendant plusieurs années, nous trouvons qu'en 1884 il acheta les plus beaux béliers à la vente que fit Georges III de son troupeau; avec ce troupeau de bêtes choisies, et à l'aide des croisements intelligents il réussit à créer une nouvelle race de mérinos : celle-ci, qui résiste à la la chaleur, à la sécheresse et aux brusques changements de saison fréquents dans cette belle colonie anglaise, reçut le nom de *mérinos de Camden*, parce que Mac Arthur était originaire de la ville de ce nom. On sait que cette célèbre race, conservée encore aujourd'hui absolument pure, a puissamment contribuée à former les belles races actuelles qu'on trouve dans la terre Victoria.

Cependant, dans les premiers temps, la confiance manqua. Le roi d'Angleterre avait bien annobli Mac Arthur, ce qui prouvait qu'il attachait une grande importance à ses efforts, et celui-ci, encouragé par les largesses du gouvernement, dépensait toute son activité en vue de la production de la laine. Bien certainement il prévoyait alors quelle source de richesse ce textile pourrait être plus tard pour le continent australien, car dans une lettre datée du 26 juillet 1803 et soigneusement conservée aux archives de Sydney, il signalait au gouvernement anglais l'avenir des Nouvelles Galles du Sud à ce point de vue et exprimait alors l'espoir que la production pastorale arriverait à suffire à tous les besoins des filateurs du Royaume-Uni.

Mais il fallut l'arrivée en 1802 de Thomas Brisbane, comme gouverneur de l'Australie, pour donner dans le pays l'impulsion nécessaire de l'élevage du mouton. Jusque-là dans le public, on avait considéré ce continent tout au plus bon pour un dépôt pénitentiaire, et les résultats obtenus par le capitaine Mac Arthur étaient à peu près considérés comme une curiosité. Le nouvel administrateur eut à cœur de montrer à ses compatriotes, sous son véritable jour, la contrée qu'il gouvernait. Il envoya au gouvernement les plus beaux échantillons de la laine du pays, et sur son instigation la chambre des communes se décida à nommer un comité d'examen, les experts estimèrent ses toisons, qui pesaient alors 3 livres 1/2 en suint, à 5 franc la livre. Ce résultat fut porté par circulaire à la connaissance de l'administration ; en même temps le gouvernement fit connaître dans tout le royaume que de vastes surfaces étaient libres en Australie pour la colonisation, qu'il y avait là des contrées riches, fertiles, où les troupeaux se multipliaient et s'amélioraient d'une façon prodigieuse ; la terre fut offerte gratuitement à tous les cultivateurs qui voudraient émigrer, pourvu qu'ils possédaient un capital de 12,500 francs, jugés nécessaires pour les premiers frais d'établissement ; enfin les émigrants pouvaient avoir la jouissance temporaire du sol, le gouvernement se réservant seulement le droit de reprendre le fond si l'intérêt général le commandait.

On vit ensuite affluer en Australie nombre de colons anglais. En 1826 notamment, une société d'agriculteurs se forma pour exploiter à Port-Stephen, à 150 kilomètres de Sydney, une concession de quatre cent mille hectares. A ces cultivateurs se joignirent nombre d'habitants du pays, médecins, officiers, hommes de lettres qui, alléchés par les avantages nouveaux qu'on leur offrait, s'empressèrent de quitter leur scalpel, leur plume, ou leur épée, pour devenir nouveaux Cincinatus, laboureurs ou pasteurs australiens. L'impulsion était donnée.

En présence de ce succès, le gouvernement anglais ne tint pas rigueur aux colons pauvres, il leur fit grâce de toute garantie pécunière, et bientôt, grâce à cette libéralité, les éleveurs se multiplièrent avec une rapidité merveilleuse sur les plateaux alors récemment découverts, notamment sur d'immenses étendues de terrain propres aux pâturages, libres alors au delà des montagnes bleues.

Pour juger de l importance qui prit en peu d'années le commerce des laines en Australie, il nous suffira de rappeler que le premier arrivage de ce textile en Angleterre date de 1807. Il fut alors de 245 livres, c'est à dire l'équivalent d'une petite balle. Plus tard, en 1810, on exporta 161 balles; en 1814, 465 balles; en 1826, 1,620. Alors surtout les colons commençaient à comprendre le parti qu'on pourrait tirer du mouton pour sa toison, les laines du capitaine Mac Arthur venaient d'être vendus à Londres 7 shillings la livre et quelques unes 10 shillings; la plupart abandonnèrent complètement l'élevage de leurs anciens moutons pour se livrer à celle du mérinos et la laine australienne commença à prendre sa place sur le marché européen.

Tout le monde voulut encourager cette production. La société des arts de Londres la première récompensa publiquement le capitaine Mac Arthur en lui décernant deux grandes médailles d'or pour l'importation en Angleterre de ses toisons comparables aux plus belles laines de Saxe. Le principal courtier de Londres. M. T. Ebsworth, déclare au comité de la Chambre des Communes que les laines du capitaine Mac Arthur avaient produit les plus beaux tissus qui se fussent encore vus. Enfin, en 1838, dans le but d'encourager la production de la laine et son importation en Angleterre, le Parlement fit une loi par laquelle il fixait au maximum de 1 denier (10 centimes) le droit d'entrée sur les laines des Nouvelles Galles du Sud.

Durant ce temps, Mac Arthur continuait ses essais. Des races dites leicesters, lincols, cotswolds et southdowns, il obtient des variétés moins résistantes il est vrai, mais donnant encore une laine qui devient douce et longue quand on peut garder les moutons dans un petit enclos et sur un sol spécialement riche, bien arrosé et frais.

Ce fut lui d'ailleurs qui acclimata le mouton dans d'autres parties de l'Australasie, notamment en Tasmanie. Les premières importations de moutons de la Grande Terre (Australie) à la terre Van Diémen (nom donné alors la Tasmanie) datent en effet de 1804 : les moutons alors envoyés provenaient des premiers métis Cap et Inde acclimatés près de Sydney. Ils furent élevés par le colonel Patterson. A cette époque, la laine était considérée en Tasmanie comme ne pouvant être exportée à cause de son peu de valeur : on en débarraissait le mouton lorsqu'il en était gêné, on accumulait les produits de plusieurs tontes sous des hangars et, lorsqu'il y en avait une certaine quantité, on faisait partir le tout à destination de l'Europe : bien souvent on le conçoit, la laine expédiée dans ces conditions ne payait pas le frêt. Patterson sentit la nécessité d'améliorer les races qu'il possédait, il le fit avec des moutons des Nouvelles-Galles du Sud qu'on suppose être des Teeswater : dans tous les cas, le succès fut complet; en novembre 1819, le recensement fait en Tasmanie accuse 172,171 têtes de bétail dont 116,074 brebis.

Le gouverneur de l'Australasie, Sorel, écrivit à cette époque à Mac Arthur pour lui demander les moyens d'améliorer les races de Tasmanie. Après une longue correspondance, il fut convenu que Mac Arthur livrerait 300 agneaux mérinos acclimatés et qu'en échange on lui donnerait une certaine quantité de terre aux Nouvelles Galles du Sud. Mais beaucoup de ces agneaux moururent pendant la traversée, il n'en arriva que 181 qui furent immédiatement distribués aux colons fixés sur le sol au prix de 7 guinés (182 francs), remboursables en plusieurs années moyennant garanties.

Avant 1827, on ne saurait évaluer la quantité de laine exportée de Tasmanie en Angleterre, parce que, jusqu'à cette année même, la douane attribue aux Nouvelles Galles du Sud la totalité des importations australiennes. Mais à partir de cette époque, une classification rationnelle existe. En 1827, l'exportation de la Tasmanie est de 192,075 livres anglaises, et deux ans plus tard alors que Sydney n'exporte que 913,222 livres, cette même exportation atteint le chiffre de 925,320 livres.

A partir de ce moment, un courant d'émigration continu se fait jour d'Angleterre en Tasmanie et nombre de fermiers de la Grande Bretagne, éleveurs de mérite et expérimentés aux travaux de la terre, partirent pour l'Océanie, emmenant avec eux leurs plus beaux animaux domestiques et de petits chargements des meilleurs mérinos anglais et allemands.

Parmi les principaux fondateurs de troupeaux dont les noms sont conservés dans l'île, il convient de citer MM. Gilles, Hornes, Willis, Archer, Wedgo, Austey, Béthune, Leake et Cox.

En 1825, des améliorations plus efficaces se firent en Tasmanie. Une association fondée à cette époque en vue d'affranchir l'Angleterre des laines d'Europe, la Compagnie de la Terre de Van Diémen, importe surtout des béliers allemands, dont l'influence sur la qualité de la laine se fit sentir à bref délai. Il est relaté dans les archives de la colonie qu'en 1830, elle dépensa 750,000 francs pour l'achat d'étalons mérinos dont elle peupla les vastes territoires du Nord-Ouest de Orls : ses toisons beaucoup plus petites alors qu'aujourd'hui, ne pesaient que 2 livres 1 once en moyenne et sa laine était vendue 1 shelling 7 d. 1/2 la livre.

Après la Tasmanie, la troisième terre australienne où l'on songe à acclimater le mérinos fut la province de Victoria.

Vers la fin de 1830, le bruit commença à courir qu'on venait de découvrir de l'autre côté du détroit de Baas, d'immenses terrains propres aux pâturages. En 1834, le meilleur éleveur de Tasmanie, Thomas Heutsy, venait le premier établir une bergerie à Portland-Bay. Il fut suivi l'année suivante par l'un de ses collègues, John Aitken, dont le troupeau était considéré comme contenant les types de meilleur choix et dont les descendants sont encore aujourd'hui cotés au plus haut prix : On citait alors de cet éleveur l'achat en 1834 d'un bélier au prix de 350 livres (8,750 fr.), à M. S. P. Rowe, de Mount-Battery, qui l'avait retiré lui-même de la bergerie du prince de Lichnowski, en Sibérie, après avoir parcouru l'Europe pour acheter ce qu'il y avait de plus parfait en mérinos. Enfin, on doit encore citer parmi les premiers éleveurs qui vinrent s'établir sur la terre Victoria, M. Fortlouge, dont le troupeau était uniquement composé de bêtes achetés à l'Electeur de Saxe, et qui forma avec elle la race renommée d'Ercildone.

Les bergeries se multiplièrent rapidement sur la terre Victoria de 1836 à 1839. Leur création fut due principalement aux colons anglais qui, émigrant en Tasmanie et y trouvant alors toutes les terres occupées, vinrent sur le conseil de leurs amis s'établir sur le continent australien, amenant avec eux des troupeaux mérinos choisis parmi les plus beaux de Tasmanie.

La première importation de laine de la terre Victoria à Londres date de 1837. Avant cette époque, la plupart des produits furent vendus en Tasmanie : à Hobart-Town et à Launcertun. Cette importation fut de 154,200 livres. En 1840, elle atteignait le chiffre de 831,000 livres.

Mais au cours de cette expansion que nous venons de relater dans les autres parties de l'Australasie, quel développement l'industrie pastorale prenait-elle dans les Nouvelles Galles du Sud? C'est ce que nous allons rapporter en remontant à 1830, époque où nous nous sommes arrêté tout à l'heure.

Alors, comme aujourd'hui, il y eut en Australie deux sortes de propriétaires de troupeau : le *farmer*, cultivateur sédentaire, possesseur d'une ferme autour de laquelle il entretient quelques hectares de labour et de paturages ; et le *settler*, franc tenancier de la couronne qui se contente de parquer ses bestiaux sur des terres louées ou concédées. Le nom de *squatter*, introduit plus tard dans le langage colonial et officiel pour désigner les settlers, fut donné à ceux-ci par les négociants et les industriels des villes, jaloux du succès de ces compagnards, et désireux de les couvrir d'un terme de mépris par lequel on désignait alors dans l'Amérique du Nord les pionniers qui défrichaient les terres inoccupées. Nous reviendrons tout à l'heure avec détails sur la vie actuelle du squatter en Australie.

Comme chaque jour on découvrait dans les nouvelles Galles des districts aux gros paturages, que la terre ne manquera pour personne et que les nouveaux venus en trouvèrent à tout instant de disponible, le *squattage* eut dès le principe ses coudées franches dans la colonie anglaise. Ni les vols des *bushrangers* (batteurs de buissons), convicts échappés ou aventuriers sans ressources, ni les déprédations des tribus australiennes hostiles à l'établissement des colons européens, n'arrêtèrent leur essort : leur nombre se multiplia.

Le gouvernement anglais se chargea le premier d'arrêter leur expansion. Trouvant avec raison que ces sujets réalisaient de beaux bénéfices sans que le budget local en profitât d'aucune façon, il décrêta en 1831 que tout droit de concession ne serait plus valable que moyennant une redevance annuelle de 250 fr. par *station*, l'étendue de chacune de celles-ci se trouvant calculée à raison de 4 hectares par tête de mouton. Cette mesure financière porta bientôt ses fruits ; le nombre des squatters diminua sensiblement.

Sur la plainte des intéressés, le Parlement anglais se saisit de la question. Il reconnut bientôt que tout système d'impôt direct ne pouvait être avantageusement applicable à la colonie australienne, et après avoir cherché plusieurs solutions, il s'arrêta bientôt au système de cession immédiate et définitive moyennant un prix de peu d'importance. Ce prix fut fixé à 15 fr. par hectare.

A partir de ce moment, les squatters eurent ce qu'on peut appeler leur existence légale ; la surface des terrains dont les herbages leur appartinrent devint leur *run* ; au centre, ils construisirent chacun une habitation, leur *home*, station principale et résidence habituelle du maître ; quelques-uns d'entre eux, véritables seigneurs du pays, créèrent plus tard des succursales et des *stations* que surveillèrent leurs bergers.

La création des stations offrait cependant bien des difficultés. Il ne suffisait pas, par exemple, aux colons de s'installer sur des pâturages tout créés, il leur était nécessaire, au contraire, pour s'établir de détruire les arbres qui pullulaient sur les huit dixièmes du continent australien. Les eucalyptus en particulier avaient envahi le terrain, et, comme à leur ombre, croissaient de nombreux buissons, la campagne n'était jamais désignée en Australie que sous le nom de *bush*, nom sous lequel elle est encore connue aujourd'hui. — Connaître le bush, pour un squatter, c'est posséder l'un des points les plus importants de son métier, c'est arriver à une science sans laquelle il lui est impossible d'exercer sa profession avec intelligence. — Pour faire disparaître les arbres qui le gênaient, le colon se contenta, dès le principe, de faire autour du tronc une entaille circulaire à la hâche, ceux-ci moururent rapidement, et quand ils furent bien secs, on les abattit sur place et on les brûla ; comme bien souvent bon nombre ne furent pas déracinés, les tronçons, vus de loin, les faisaient ressembler à d'immenses jeux de quilles. Encore aujourd'hui ce procédé est en usage dans bien des occasions.

Contrairement au proverbe qui veut qu'abondance de biens ne nuise pas, l'industrie pastorale subit sa première crise vers 1840, après la découverte de plaines fertiles qui bornent le golfe Spencer et le port Philipp, au moment de la fondation des villes de Melbourne et d'Adelaïde. Comptant sur un développement facile du squattage et une revente facile, la spéculation avait acheté à un prix exhorbitant les nouveaux pâturages ; mais elle se trouva subitement entravée dans ses calculs par une baisse générale sur le prix de la laine ; de là des embarras financiers dont il est facile de se rendre compte.

Mais cette crise ne fut pas de longue durée. Bien plus, elle fut pour la colonie une nouvelle source de richesse. La vente de la laine ne suffisant pas pour couvrir les frais d'acquisition, les spéculateurs essayèrent d'utiliser les autres parties du mouton. Le suif fut extrait sur une grande échelle, on fit un grand commerce avec les cuirs, on utilisa les cornes. Bref, on dut à la nécessité de créer des ressources la formation d'un commerce nouveau qui, de nos jours, on le sait, a pris une place importante dans la colonie, et des maisons nouvelles furent fondées, à partir de cette époque, pour exploiter cette autre branche de production.

De là date encore l'augmentation de la puissance des squatters. La plupart de ceux-ci étaient devenus de puissants seigneurs. Aussi, lorsque trois années plus tard l'Australie eut été dotée par le gouvernement anglais d'un régime représentatif, le nouveau gouverneur fut encore obligé de prendre parmi les squatters des conseils, il en forma le Parlement colonial. Il n'eut pas à le regretter. Au lieu de se trouver à la tête d'un dépôt pénitentiaire — ce qui pouvait ternir l'éclat de ses fonctions aux yeux d'un certain nombre de personnes— il eut à gouverner une colonie exclusivement commerçante et productive, car les squatters protestèrent de toutes leurs forces contre l'importation des convicts, une fois même ils ameutèrent la population de Sydney pour s'opposer au débarquement d'un convoi pénitentiaire et ils forcèrent le gouvernement anglais à chercher un autre refuge pour ses déportés.

L'industrie pastorale eut encore à subir une crise, mais plus intense que la première, lors de la découverte des placers des Nouvelles-Galles et de Victoria. Nombre de squatters quittèrent leurs troupeaux pour se livrer entièrement à la recherche de l'or, il se fit, en quelques années, des fortunes colossales dont l'acquisition facile allêcha nombre d'aventuriers et entraîna la plupart de ceux qui élevaient le bétail ou cultivaient la terre. Pour un moment, on manqua de bras dans les stations de l'intérieur. Pis que cela, les squatters eux-mêmes fouillèrent leurs propres terrains au lieu de les livrer à la culture ou d'en faire des pâturages, i's empêchèrent le chercheur d'or de se rapprocher de leurs terres et engagèrent souvent avec eux une lutte ouverte.

Une réaction salutaire se produisit à bref délai. A la suite d'une émeute qui éclata à Melbourne, en août 1860, au cours de laquelle la population, excitée par quelques mécontents, envahit le palais du Corps législatif de cette ville ou siégeaient les principaux squatters, le gouvernement sentit la nécessité de rendre plus accessibles, à la masse des travailleurs, les terres propres à la culture. Les pâturages australiens furent cadastrés, aussi bien que possible, et on détermina la valeur des lots suivant la position plus ou moins avantageuse de chacun d'eux ; puis, pour empêcher qu'on put accaparer les terres vacantes dans le voisinage des villes, on limita 30 à 160 hectares l'étendue qu'un même individu pourrait acquérir annuellement ; pour n'avoir affaire qu'à des personnes disposant d'un certain capital, les terres ne furent louées et surtout vendues qu'à un prix relativement élevé, en laissant toute latitude de payer par annuités dans l'espace de quatre ou cinq ans (système Wakefield) ; enfin on fit des avantages spéciaux aux soldats et marins à leur rentrée du service militaire, en leur donnant gratuitement 20 hectares sur leur demande, et en faisant aux officiers de tous grades une remise de 1/3 sur le prix d'achat; en outre, tout émigrant pauvre put recevoir 12 hectares de concession sans bourse délier.

Ces mesures équitables appliquées aux quatre provinces des Nouvelles-Galles du Sud, Queensland, Victoria et Australie méridionale (l'Australie orientale conservant ses anciennes coutumes) suscitèrent l'émulation des colons. Chacun se mit à l'œuvre plus que jamais et, comme nous le verrons tout à l'heure, les squatters ne craignirent pas de vivre sur place, de mettre la main à l'œuvre, ils surent devenir au besoin leurs propres bergers, conduire leurs bœufs, dresser leurs chevaux, tondre leurs moutons, passer leur vie au milieu des exercices violents du grand air et du grand soleil. Ils fournirent en Australie cette forte génération de travailleurs qui s'y trouve encore aujourd'hui, et qui a amené une prospérité si belle et si solide dans cette belle colonie anglaise.

La concurrence étrangère n'y est pas inconnue, car les laines de la République Argentine leur disputent le marché près des consommateurs du dehors, bien que la qualité n'en soit pas correspondante, mais l'industrie minière a cessé d'être un de leurs cauchemars. Depuis quelques années en effet, le nombre des ouvriers employés aux mines d'or a diminué de près de 40 %, et là où autrefois régnait une activité sans limite, on ne voit plus aujourd'hui qu'un sol bouleversé, inculte pour toujours ; des fosses noires et béantes et des monticules de graviers. Il n'y a plus d'ailleurs de profit à en espérer ; en 1876, par exemple, pour ne citer qu'une année moyenne, la valeur de l'or extrait a été de 3.855.040 liv. sterl. tandis que les gages payés aux ouvriers s'élevaient à 4.156.400 liv. sterl., tout ceci sans compter la valeur des capitaux enfouis et des machines.

Les résultats obtenus.

Aujourd'hui, les éleveurs australiens sont depuis longtemps arrivés à un résultat tel qu'il n'y a plus aucun intérêt pour eux à continuer les croisements avec les mérinos européens : les toisons du pays ont gagné en poids et en longueur sans perdre leur finesse et obtiennent toujours dans les concours des prix supérieurs aux toisons de choix de France et d'Allemagne. Ces toisons indigènes pèsent en moyenne 2 kil. 300 et lavées de 1 kil. 200 à 1 kil. 300, mis il en est, dont le poids est notablement plus élevé et atteint parfois jusque 5 kil. en suint.

Aussi les Australiens considèrent-ils leur race comme fondée et lui donnent-ils le nom de mérinos australiens, oubliant que leur mouton n'est autre que le mérinos pur d'Europe, élevé dans un climat qui lui convenait et dans des pâturages sans limites. Il est assez difficile de leur faire entendre raison sur ce chapitre.

Depuis longtemps d'ailleurs les croisements heureux obtenus dans certaines parties de l'Australasie ont toujours profité à la colonie entière. C'est ainsi que, vers 1885, les béliers de Victoria, ayant fini par être reconnus comme les plus productifs, furent importés dans toute l'Australie et achetés à grand prix par les squatters des autres provinces. L'un des changements les mieux réussis dans l'élevage du mouton fut encore le croisement des mérinos de Victoria avec des béliers frisés de Tasmanie, dont la laine s'allongea tout en gardant sa finesse et son épaisseur. Ce croisement fut si recherché et les produits en atteignirent un si haut prix qu'en 1874, le fameux bélier sir Thomas, élevé par M. James Gibson, de Bellevue (Tasmanie), fut vendu aux enchères, à Melbourne, au prix de 714 livres (18850 francs), à M. W. Cummengo, de Mount-Fyayns et T.-F. Cuminigo, de Stony-Point. Le succès plus tard couronna encore l'entreprise, à la vente de 8 septembre 1880, chez MM. Hastings

Cumingham et C°, il a été vendu un bélier de même origine pour le prix de 1300 livres, c'est-à-dire 37,500 francs.

On ne s'est pas arrêté là, et nous osons dire à peine combien ces prix ont encore augmenté dans ces dernières années, depuis surtout qu'une société indigène, la *Australian Sheepbredder's Association*, s'est mise à organiser chaque année à la fin d'août et au commencement de septembre un concours de race ovine, nous citons parmi les concours, celui de septembre 1883, dans lequel un bélier primé a été acheté 3150 guinés, c'est-à-dire 83,000 francs. Comme on le sait, les Anglais n'y regardent pas, quand il s'agit d'augmenter leurs richesses coloniales et font à tout instant de sérieux efforts, pour introduire dans leurs troupeaux, de sérieux éléments de perfectionnement.

Il ne faudrait pas croire cependant qu'on ne rencontre en Australasie que des mérinos de haut prix. En Tasmanie, par exemple, il y a de ci de là d'excellents troupeaux de Leicester, de même que dans certaines parties des autres provinces, notamment sur la côte sud-ouest d'Australie où la richesse du sol, l'humidité du climat et l'abondance des longues herbes paraissaient ne pas convenir aux mérinos et par contre sont très favorables à l'élevage des moutons à longue laine.

Il serait encore erroné de penser que partout l'acclimatation de mérinos a été très facile. Ainsi, par exemple, les premiers colons qui s'établirent dans l'immense étendue de terrain situé au nord de la Victoria et connu sous le nom de Reverina, eurent beaucoup de peine à acclimater cette espèce ; plusieurs y renoncèrent et se livrèrent à l'élevage du bœuf. Quand les laines de Reverina, si recherchées maintenant, parurent pour la première fois sur le marché, elles furent vendues au prix désastreux de 10 d. la livre, environ 2 fr. 15 le kilog. pour des lavées à froid. Ce n'est que plus tard que par la persévérance et en introduisant dans la Reverina des béliers mérinos de Victoria, les bergeries s'améliorèrent au point d'occuper finalement la première place dans les concours. Aujourd'hui, la laine de Reverina est une des plus recherchées ; elle est remarquablement longue, plus robuste et moins lustrée que celle de Victoria ; en moins de trente ans, les éleveurs ont plus que doublé le poids de leurs toisons et la valeur de leurs laines.

Actuellement, toutes les terres ne sont pas exploitées dans la région australienne. Dans l'Australie, proprement dite, qui comprend 7.250.000 kilomètres carrés, plus de la moitié des terrains ne peut l'être pour le moment, notamment dans toute la partie Nord, depuis Queensland supérieur (est) à travers le Northem terrory, jusqu'aux déserts de l'Ouest (Dampier-land, Great-sandy-desert, Gilson-desert et Great-Victoria). Dans la petite île de Tasmanie, qui comprend 68.000 kilomètres carrés, presque tout est occupé et en plein rapport. Enfin, dans les îles de la Nouvelle-Zélande, qui mesurent 270.000 kilomètres carrés, les côtes sont entièrement garnies de pâturages, à l'exception de la partie du Southern Island. Nous reviendrons d'ailleurs tout-à-l'heure avec plus de détails sur cette répartition géographique de la production de la laine.

Tous ces pays élèvent ensemble 75 à 80 millions de moutons, qui fournissent à la tonte environ de 1.200.000 balles de laine. La production de chaque province s'élève en moyenne sur la totalité à :

23 %	pour les	Nouvelle-Galles du Sud.
8 —	—	Queensland.
31 —	—	Victoria.
11 —	—	l'Australie du Sud.
3 —	—	Western Australia.
4 —	—	La Tasmanie.
20 %	—	La Nouvelle-Zélande.

Elle équivaut à environ 175.000.000 de kilog. de laine en suint et 90.000.000 kilogr. lavée à fond.

Mais comment un squatter arrive-t-il à faire produire cette immence quantité de laine? Quels sont les soins qu'il est appelé à

donner à ses troupeaux? Comment ceux-ci sont-ils parqués, nourris, entretenus? C'est ce que nous allons examiner :

Le squattage australien.

Quiconque veut être bon squatter doit faire un stage prolongé, une *station experience*. comme on dit là-bas.

Il commence par être bon à tout faire, ce qu'on appelle *general useful*.

On lui donne certaines occupations à heures fixes, qu'il remplit le mieux possible; puis, quand il les a terminées, ordre lui est donné de se tenir à la disposition du directeur de la station qui, en effet, lui fait « tout faire » c'est le cas de le dire.

Il se lève avant le jour, et son premier soin est de réunir les chevaux dont vont avoir besoin les domestiques, ces derniers n'allant jamais à pied et professant même une quasi horreur pour la marche; ces chevaux passent la nuit en liberté dans un enclos formé de quelques milles carrés anglais, il ne s'agit que de les réunir : trop souvent cependant l'apprenti squatter se voit obligé de courir après eux au galop.

Chacun des employés qui déjà, après avoir déjeuné à la hâte, s'est rendu chez le directeur pour connaître la tâche qui lui va être imposée pour un ou plusieurs jours, se contente de seller l'animal qui lui est amené et se rend immédiatement à l'ouvrage. Le *general useful*, après eux, avale un déjeuner en hâte et commence sa tâche : souvent on l'envoie aider les ouvriers, souvent encore on lui ordonne d'obéir dans la station même à tous ceux qui peuvent requérir ses services.

Le soir, il monte en selle et ses courses recommencent de plus belle : c'est lui qui va chercher les vaches qui vont fournir le lait au déjeuner du lendemain et qui les amène à l'enclos; c'est encore lui qui doit séparer ses animaux des veaux; c'est lui aussi qui, avec l'aide de deux chiens de berger des mieux dressés, va quérir les moutons destinés à la boucherie, qui généralement paissent en liberté aux alentours. On le charge presque toujours de tuer et de dépecer une de ces bêtes, celle qui doit servir à la cuisine du lendemain; il en suspend la toison à un pieu et laisse accrochée la carcasse charnue à la disposition du cuisinier. Alors seulement il est libre, et le plus souvent il en profite pour souper, fumer une pipe ou deux, causer un brin, et bientôt s'assoupit accablé par la fatigue, pour aller ensuite se coucher.

Le lendemain, il recommence.

Au bout de quelques semaines, bien que n'avançant d'aucun grade, le *general useful* est plus considéré, en raison de son ancienneté dans la station. Il commence à avoir le droit de s'éloigner avec une escouade d'ouvriers et de camper avec eux tout en restant à leur service; le plus souvent, il fait leur cuisine.

Dans cette situation nouvelle, on le trouve toujours levé à deux ou trois heures du matin, car il a charge d'allumer le feu, de faire le thé, de cuire la viande pour le personnel qui déjeune à cinq heures et n'admet pas de retard dans le repas.

Les hommes mangent et partent à leur travail; lui, reste. Il faut alors qu'il mette de l'ordre dans le campement, qu'il aille visiter les écuries, qu'il fasse encore du thé, qu'il prépare la viande froide pour le lunch de midi et au besoin qu'il s'occupe déjà du repas du soir, lequel, au lieu de thé et de mouton bouilli comme le matin se compose de thé et de mouton rôti. Enfin, s'il en a le temps, c'est à lui qu'incombent les raccommodages : raccommodages de vêtements, raccommodages d'ustensiles de cuisine, raccommodages d'outils endommagés, etc. Lorsqu'il a fini son travail, ce qui est bien rare, — on le conçoit — il court à la chasse pour s'attirer l'amitié des ouvriers en variant leur ordinaire, et s'il ne tue pas de gibier, il essaie au moins de rapporter quelques œufs d'autruche dont les Européens sont toujours friands.

Au soir, le métier pour lui devient absolument désagréable : certes, il aimerait se reposer, aller jouer aux cartes avec les hommes et fumer avec eux; pour l'occuper, on l'envoie laver les plats, on lui fait fendre du bois pour le feu de la nuit et le repas des autres jours, on le force enfin de tuer et dépecer le mouton qui doit servir à rassasier les ouvriers le lendemain. Bien souvent, lorsqu'il a fini ses travaux et qu'il vient prendre place la nuit auprès de ses compagnons, ceux-ci ronflent enveloppés dans leurs couvertures et prennent depuis longtemps un repos qu'il envie.

C'est après tout cela que l'apprenti squatter monte d'un grade; il devient berger en second, *boundary rider*, comme on dit, cavalier de frontière.

Sa grande occupation dans ce service est d'entretenir en bon état et de surveiller les clôtures en fil de fer des *runs*. Ce travail est des plus pénibles et, comme toujours, il se fait à cheval. Au lever du soleil, le « boundary rider » part, il longe les clôtures au pas et au petit trot, souvent par une chaleur de 40 à 50 degrés, examine soigneusement chacune d'elles et parcourt les enclos qui séparent entre eux les chevaux des bêtes à laine, des moutons destinés à la reproduction, des vaches et des veaux. Tantôt c'est un fil de fer qu'il rattache, tantôt un pieu qu'il remplace; et tout ceci, il doit le noter, consigner en même temps sur ses tablettes l'état dans lequel il a trouvé le troupeau, et faire en rentrant un rapport détaillé de ses occupations qui souvent sont contrôlées. Il recommence tous les deux ou trois jours.

Alors le « boundary rider » devient berger en premier. Ce stage est le plus dur de tous. Loin de toute habitation, à deux ou trois jours de marche de la station, presque souvent seul, il est là dans une hutte, entièrement obligé de se suffire à lui-même. Tous les huit jours un cavalier, monté sur un cheval de charge, lui apporte sa ration de la semaine, qui se détaille par 6 kil. 35 de viande de mouton, 2 kil. 63 de farine, 0 k. 91 de sucre, et 0 k. 12 de thé, auquels on ajoute quelques raisins de Corinthe et des amandes pour le *cake*, gâteau des grandes occasions.

Comme il a seul la responsabilité de quelques milliers de moutons, jour et nuit il est sur le qui-vive. Pendant les grandes sécheresses, il doit mener les bêtes tous les deux ou trois jours à la rivière, s'il y en a une, il doit veiller à ce que les différents troupeaux dont il a la charge ne se mêlent pas entre eux, il doit prendre soin que les jeunes agneaux ou les brebis grosses n'aillent pas s'embourber dans des endroits marécageux du domaine qu'il surveille.

C'est lorsque l'apprenti squatter se trouve dans cette situation que le chef de la station juge le mieux de ses capacités : il note s'il est dur à la fatigue, s'il sait débrouiller de la besogne, s'il est surtout *smart* et *handy*, comme disent les colons. Gare la lassitude et le découragement ! tout cela est remarqué, appris, sans même qu'il s'en doute : Un jour, quelquefois même une nuit, un employé supérieur arrive près des *runs* sans prévenir personne ; souvent même il n'avertit pas le berger de sa présence et se rend bien vite compte de l'état moral et économique de ce dernier. Il examine les fils de fer : s'il en trouve de rompus, de mal attachés, c'est que le berger ne s'occupe guère de ses fonctions et n'est pas consciencieux ; il examine les moutons : si ceux-ci s'effraient à son approche, c'est qu'ils ignorent trop souvent la présence de l'homme, et, s'ils s'enfuient, c'est qu'on est trop souvent habitués à les brusquer ; il observe enfin, sans se montrer, si les chevaux viennent correctement le matin se rapprocher de l'enclos où ils vont être sellés.

Ce dernier point a une grande importance ; car dans le *bush* australien comme dans le *campo*, bêtes et hommes se rapprochent, se complètent pour ainsi dire ; toujours sellé à la même heure, un cheval, vient, par habitude, tous les jours à cette même heure, se rapprocher instinctivement de l'endroit où il trouve son maître ; on le voit souvent attendre un quart d'heure et même une demi-heure l'arrivée de son cavalier. Mais si par malheur on l'oublie, si pour une cause quelconque on néglige un jour de le seller, il prend la clef des champs et souvent même alors se laisse difficilement saisir pour la journée. En Australie, le cheval se soumet à l'homme avec la plus grande docilité : celui-ci, qui n'a souvent pour marcher que les jambes de l'animal, l'accroche par la bride, s'il met pied à terre, à un endroit quelconque, tout comme on accroche un pardessus, et si le lien vient à se détacher, la bête broute tranquillement dans le voisinage en attendant son maître.

L'épreuve qu'il vient de traverser est décisive pour le ***boundury rider*** : s'il l'a subi d'une façon satisfaisante, il monte d'un degré encore dans l'échelle de l'apprentissage et devient ***station hand***, c'est-à-dire ouvrier.

Jusqu'à un certain point, cette fonction fait partie de ce que nous pourrions appeler les grades inférieurs du squattage, mais cependant elle est très recherchée, parce qu'elle exclut certaines occupations qui ne regardent plus notre apprenti. Dans les moments de presse, alors que chacun est appelé à prêter la main aux plus gros ouvrages, il est encore, jusqu'à un certain point, « bon à tout faire »; mais dans les conditions normales, lorsqu'il n'a à remplir que les fonctions qui le concernent, il n'est plus ni boucher, ni cuisinier, ni même berger; ce n'est plus lui qui va chercher les chevaux, les vaches, les bœufs et les moutons, il devient en quelque sorte une sous-autorité.

Ainsi, par exemple, il prend part aux grandes battues qui, à des époques régulières ou dans des cas exceptionnels parfois, ont pour but de réunir tous les animaux de la station ou même seulement ceux d'un pâturage ; il est chargé d'empêcher qu'en passant sur la propriété dont il a la garde, les moutons étrangers ne se mêlent à son troupeau; il doit veiller à ce qu'ils se tiennent constamment dans leurs limites réciproques avec ceux des voisins; il prend part enfin au classement lorsque les agneaux sont rassemblés, et il est appelé à séparer les petits des brebis suivant leur sexe ou leur destination.

Ces nouvelles fonctions ne sont pas moins pénibles que celles qu'il quitte. Toujours il faut, pour les supporter vaillamment, avoir des goûts un peu sauvage, et un courage indomptable joint à la force naturelle nécessaire pour triompher des grandes fatigues. Nos lecteurs s'en rendront bien compte par la citation suivante d'un extrait de son carnet de *bush* publié récemment par un apprenti-squatter, M. Fritz Robert, qui a longtemps fréquenté les *stations* australiennes. Voici le passage qui dépeint le mieux la situation, auquel nous conservons son style personnel et typique :

« Vendredi, 10 décembre. — Un de nos hommes, un de nos meilleurs ouvriers, est tombé de cheval ; nous croyons qu'il s'est fracturé le bras droit. Vais à Hay chercher le médecin, et rentre le même soir par un magnifique clair de lune. Pour aller, 52 lieues anglaises en six heures ; retour en cinq heures à cause de la fraîcheur de la nuit. Total : 104 lieues anglaises en onze heures, avec cinq heures d'arrêt pendant le gros de la chaleur.

» Samedi, 11. — Partons à midi 12 hommes, pour réunir tout le bétail d'un *run* de 10 lieues anglaises sur 12 ; campons dehors.

» Dimanche, 12. — En selle tout le jour ; fatigué deux chevaux, avons *mustered* (réuni en passant en revue) tout le bétail du *run* de 10 lieues anglaises sur 12, de 2,300 à 2,500 têtes de gros bétail, que nous poussons au grand galop vers l'immense enclos à bétail de la station. A trois lieues de l'enclos, le troupeau s'épouvante, fait demi-tour, et repart dans la direction du pâturage, brisant tout sur son passage. A trois heures de l'après-midi, 120 à 130 degrés Farenheit à l'ombre.

» Lundi, 13. — En selle à trois heures du matin. Nous faisons seulement la moitié du *run* et menant le soir 250 têtes de bétail à l'enclos. Un cheval blessé d'un coup de corne ; un homme tombé de cheval, deux côtes brisées ; trois chevaux sous nous. Nous repartons le même soir pour finir le *run* et couchons à la belle étoile.

» Mardi. — Achevé le *run* et amené près de 1,200 têtes de bétail à l'enclos.

» Mercredi. — Trié 1,400 têtes de bétail en quatre classes et opéré 160 veaux.

» Jeudi soir. — Nous sommes prêts. Tout le bétail est trié, tous les veaux sont opérés.

» Vendredi. — A cinq heures du soir, nous rentrons à la station.

Avons conduit le bétail trié en quatre troupeaux et en quatre enclos différents. Changé les hommes que nous avions laissés de garde aux barrières brisées le 12.

» Lundi. — Les clôtures brisées sur une longueur de plus de six lieues anglaises sont réparées aussi bien que possible. Nous rentrons à la station brisés de fatigue ; un dîner plantureux nous attend. Nous l'avons bien gagné. Sur notre table, le champagne coule à flots, nos hommes reçoivent un quart de bouteille de cognac par tête.

Vendredi. — Dans la matinée, je pars pour une tournée de visite chez nos bergers et serai de retour dimanche. »

Voilà qui peut donner une idée du travail de squattage pour une durée de quinze jours. Et il en est ainsi toute l'année.

Ce sont donc là, à proprement parler, de véritables épreuves pour l'apprenti-squatter.

Mais lorsqu'il en est sorti, comme il a le droit d'en être fier ! Avec quelle fermeté il peut commander aux autres les occupations dont on l'a abreuvé.

Bientôt il devient *overseer*, chef en second. Son rôle change. Il a charge alors de marquer sur le dos les bœufs et les chevaux au fer rouge, de façon qu'on ne puisse perdre ni voler un animal, et les moutons à l'oreille ; d'opérer les agneaux et les poulins ; de classer en dernier ressort les animaux de la station, comme aussi d'en supputer le nombre exact. Avec l'habitude, il arrive à faire sa besogne avec une habileté incroyable : ce n'est rien pour lui que d'opérer 1,500 agneaux par jour, quelquefois 1,800, que de compter dans une journée 8 à 10,000 moutons.

Le grade suivant, celui de *manager* est le plus élevé. Notre apprenti, qui depuis longtemps ne l'est plus, est alors le représentant direct du squatter ; il est devenu gérant de la station aux ordres seuls du chef suprême. En ce cas, s'il a économiser quelque argent, ou bien s'il en a lui-même, ou enfin s'il peut en trouver à crédit, bien vite il loue quelques terres, découpe une propriété nouvelle en casiers au moyen de barrières en bois et fil de fer, met un troupeau dans chaque case de ce nouvel échiquier après avoir eu soin de faire aboutir ses pâturages à une rivière pour y trouver des abreuvoirs, et s'établit squatter lui-même.

Le squatter australien a alors trois grands ennemis à prévoir : le kanguroo, le chien sauvage et le *free selecter*.

Le kanguroo mange son herbe. On le chasse au lévrier, qui l'a bien vite ramassé et tué rapidement, à moins qu'il ne soit de grande taille.

Le chien sauvage dévore ses moutons. On a d'autre ressource que de le tuer d'un coup de fusil dès qu'on l'aperçoit.

Quant au personnage que nous appelons *free selecter*, sélecteur de terrains, celui-là procède d'une façon que nous allons expliquer et qui va nous obliger à faire un peu de droit.

Le gouvernement anglais s'étant arrogé la propriété du continent australien, la vend à ses administrés ou la loue. Le squatter, qui a besoin d'immenses espaces de terrains, préfère louer, c'est meilleur marché et ça ne le prive pas de ses capitaux ; mais il n'est réellement sûr de son bail que pour huit jours, tout acheteur ou sélecteur pouvant acquérir son terrain et le mettre à la porte. La sélection est un mode d'acquisition de la propriété spécial à l'Australie, et destiné à encourager le petit propriétaire rural. Les Romains demandaient des vers à Virgile, les Anglais ont préféré un texte de loi.

Vous voyez un lopin de terre, il vous plaît, vous allez à jour dit chez l'agent du gouvernement de la ville voisine, vous versez la somme réduite de 5 shellings au lieu d'une livre sterling par acre, et vous devenez propriétaire, à la condition de résider trois ans sur ce terrain et d'y faire pour une livre d'amélioration par acre en trois ans : cette deuxième clause n'est pas régulièrement suivie.

Voici la fraude à laquelle cette loi donne lieu : un sélecteur, peu scrupuleux, parcourt la propriété d'un squatter, choisit le terrain qui lui paraît le plus propre, non pas à créer un établissement, mais à gêner considérablement le squatter. Par la sélection, il acquiert le terrain à prix réduit, et le revend au squatter en profitant de la différence. Puis il va plus loin recommencer la même spéculation, et la loi perd son effet. Pour se défendre, le squatter doit acquérir les meilleurs morceaux de la propriété qu'il afferme, et de la sorte il immobilise d'énormes capitaux, ce qui est pour lui une entrave considérable. D'autre part, l'État perd ses meilleurs terrains, vend trop rapidement ses biens qui, dans certaines années, auraient décuplé de valeur, et mange en réalité son bœuf en veau et son mouton en herbe.

Comme on le voit, tout n'est pas rose dans l'administration d'une station australienne.

Avec cela, il faut compter sur les maladies du bétail, qui en Australie, revêtent souvent une forme qu'on ne rencontre pas autre part. Les principales sont la gale, le piétin, la maladie de Cumberland et le *fluke* ou hydatide.

La gale a-t-elle été importée d'Angleterre d'abord, puis de la Tasmanie, où elle paraît avoir régné sur une grande échelle, pour se répandre ensuite dans les autres colonies et surtout celle de Victoria, ou bien peut-elle naître spontanément de la saleté d'une exploitation négligée et d'une intallation défectueuse ? C'est ce que nous ne saurions dire. Ce qui est certain, c'est que cette maladie se répand avec la plus grande rapidité, non seulement d'individu à individu, mais par le contact avec les objets touchés sur lesquels l'acarus de la gale se dépose et vit longtemps : aussi est-il extrêmement difficile de s'en débarrasser.

Le *foolrot* (piétin) commence par une inflammation de la base du sabot : la corne grossit et s'allonge rapidement, de manière à faire boîter l'animal ; puis il se développe à l'intérieur une ulcération de plus en plus forte, très douloureuse pour la bête qui finit par se nourrir à genoux. Le *foolrot* se produit presque inévitablement dans les régions à la fois riches et humides, et cette double condition est, pour ainsi dire, nécessaire pour que le mal apparaisse. C'est surtout après la saison des pluies, lorsque le sol devient sec et dur, que les malheureux moutons atteints de cette affection, ne peuvent se tenir debout, ils s'agenouillent alors ou se couchent à terre par une chaleur torride, et alors les mouches viennent déposer dans leurs ulcères leurs œufs envenimés. Le remède consiste à couper toute la partie développée du sabot, à enlever avec soin toutes les parties cariées, puis à laver les pieds dans une solution arsenicale : ce remède est presque sûr, quoique lent et dispendieux ; de plus, il faut le combiner avec l'abandon du pâturage qui a causé le mal, sans quoi la maladie reparaît infailliblement et, pour l'éleveur, c'est souvent la grande difficulté.

La maladie qu'on appelle le *Kumberland disease,* du nom du comité des Nouvelles-Galles du Sud où elle fit son apparition, est d'origine absolument inconnue ; elle ressemble à une sorte d'apoplexie et frappe subitement les moutons, et même quelquefois les bœufs. Elle n'est pas précisément contagieuse ; mais l'inoculation par le sang est souvent fatale, comme les tondeurs de laine l'ont souvent appris à leurs dépens.

Le *fluke* enfin, est une sorte d'hydatide, dû au développement dans le foie d'un parasite, qui paraît pulluler dans les endroits marécageux. Quelques autres maladies, telles que le goître, la pneumonie, le catarrhe, sévissent aussi.

Mais le plus grand danger pour les bêtes ovines de l'Australie n'est pas dans ces diverses affections : il réside dans les variations climatériques et les sécheresses qu'elles amènent. Pendant ces sècheresses, la mortalité dans les troupeaux est vraiment effrayante. Faute d'eau et de nourriture, la destruction d'une partie est fréquemment nécessaire pour sauver le reste. C'est là l'un des grands fléaux de l'élevage de l'espèce ovine. Pour le squatter établi de longue date, il n'entraîne qu'une perte plus ou moins considérable, et qu'il a sans doute prévue dans ses comptes d'exploitation comme inévitable de temps à autre ; mais pour l'éleveur qui commence, la sécheresse représente la ruine, pour peu qu'elle arrive dans les deux ou trois premières années de son entreprise.

La tonte des moutons, — Le transport des laines.

En dehors des occupations que nous avons indiquées, nous devons mentionner deux chefs d'activité bien spéciaux à la vie du *bush;* ce sont la tonte des moutons et le transport vers la côte des laines récoltées.

La tonte se pratique à la station même, sous un grand hangar couvert en tôle (c'est l'usage) abritant environ 2,500 moutons, la provision d'un jour. Ce hangar est supporté par des pieux à quelques mètres du sol, au-dessus d'une planche à claire-voie, ce qui lui permet de rester propre et rend la ventilation facile : les côtés en restent ouverts, de façon que la température en soit supportable, malgré l'accumulation des animaux et l'ardeur du soleil : le toit descend en forme de verandah pour faciliter l'accès de l'air.

Dans une galerie située sur le devant de la halle, se tiennent les *tondeurs*. Le hangar tout entier est divisé en petits parcs où l'on fait circuler les moutons jusqu'à ce que chacun d'eux arrive en face d'un tondeur ; il y a deux parcs par tondeur : l'un où est amené l'animal à tondre, l'autre où l'on renvoie le mouton tondu.

Le tondeur australien est payé à la tâche, c'est-à-dire qu'il recherche avant tout la quantité ; aussi n'est-il pas rare qu'il arrive à dépouiller de leur laine jusqu'à 90 moutons par jour, en moyenne de 60 à 80. On conçoit facilement qu'une opération si vite enlevée se fait mal : l'animal que l'on place entre les mains du tondeur semble le comprendre, et son air inquiet fait peine à voir lorsqu'il considère ces énormes ciseaux que l'on nomme des *forces*, s'agiter dans sa fourrures en l'entamant quelquefois lui-même.

A côté des tondeurs et dans le hangar même, se trouvent les *classeurs*, qui opèrent dans un corps de bâtiment faisant saillie au milieu de la halle. La toison, à peine tondue, est enlevée par un enfant, qui vient la placer sur une table en face d'un ouvrier chargé de la parer en enlevant les moins bons morceaux, pricipalement la laine des pattes, puis elle est roulée et passée au classeur. Celui-ci juge immédiatement, à première vue, de la qualité et de la longueur de la fibre; devant lui, sont huit casiers correspondant à autant de qualités différentes, il place de suite la toison du côté qui lui correspond. Comme pour la tonte, on arrive encore ici à une habileté exceptionnelle : certains classeurs exercés parviennent à ranger par qualités, jusque 2,500 toisons par jour. A la tête de ces ouvriers, se trouve un maître-classeur qui surveille les opérations et qu'on paie très cher.

Les laines triées sont ensuite passées aux *presseurs*. Ceux-ci, au moyen d'une presse à bras ou d'une presse hydraulique, forment les balles destinées à l'exportation ; il n'y a plus qu'à laisser tomber celles-ci dans la charrette amenée au pied des hangars et.... les voilà en route.

Dans les hangars de tonte, circulent nombre d'employés qui ont chacun leurs occupations bien définies. Le *manager*, par exemple, a la police de la halle, d'autres surveillent la battue des troupeaux dans les différents pâturages, d'autres sont chargés de l'arrivée des moutons et de leur retour. Le décompte des animaux passés par les mains d'un ouvrier se fait naturellement par le passage de chacun d'eux dans le parc qui lui est réservé après la tonte.

Chaque soir, les bergers reforment un troupeau. D'ordinaire, les moutons peuvent être renvoyés à leurs pâturages vingt-quatre heures après leur arrivée; ils y restent en paix pendant un an.

L'état-major d'un atelier de tonte se compose du gérant, du classeur en chef et du magasinier. Nous connaissons les premiers, disons un mot du dernier.

Les propriétés australiennes, on le sait, sont très grandes; elles possèdent un nombreux personnel et sont toujours isolées; il est donc absolument nécessaire que les employés qui les dirigent puissent se procurer sur place les objets nécessaires à la vie. De là, la présence de ce que nous appelons un *magasinier*, en terme du pays, un *store-keeper*, gérant d'une boutique spéciale contenant les éléments d'une épicerie et d'un magasin de nouveautés.

La vente n'a guère lieu que le soir ou le matin dans ce bazar, alors il est véritablement assiégé. On peut, si l'on veut, ne pas payer comptant ce qu'on y achète, et obtenir, au moyen d'un carnet, crédit du tiers des appointements du mois ; mais ceux qui n'appartiennent pas à la station et ne font que passer, ne peuvent acheter que contre espèces. C'est là que les tondeurs trouvent les ciseaux et les pierres à aiguiser qui leur sont nécessaires, et les presseurs les aiguilles à coudre, la ficelle et la toile à sac dont ils ont besoin. Les carnets sont tenus en règle par le *store-keeper* qui, de plus, est très souvent chargé de préparer les rations pour la cuisine des tondeurs et d'envoyer tous les vendredis leur pitance aux diverses escouades campant au loin.

On choisit d'ordinaire pour remplir le poste de magasinier, un homme intelligent, généralement de constitution faible et n'ayant pas, par conséquent, la force et la vigueur nécessaires pour supporter les fatigues de la vie du *bush*.

Mais il ne suffit pas de récolter la laine, il faut encore la transporter aux stations de chemins de fer ou aux ports les plus proches ; il ne suffit pas d'élever des moutons et des bestiaux, il est encore nécessaire de les diriger, à certaines époques, du côté des marchés, vers les grands centres de la côte.

Ces voyages, qui durent toujours des semaines et quelquefois des mois, méritent d'être signalés. Ils se font depuis le lever du soleil jusque dix et onze heures du soir. Armés d'un fouet et d'une pique, les conducteurs ont fort à faire.

Lorsqu'il ne s'agit que de conduire la laine, la durée du voyage dépend de l'état des chemins. Les chariots sont attachés de dix à vingt bœufs et même de six à huit chevaux, et marchent lentement en raison de leur chargement.

Mais il est autrement difficile de conduire les troupeaux qu'il faut pousser devant soi par centaines ou milliers de têtes ; tantôt en les suivant au pas, dans un nuage de poussière, empêchant les animaux de brouter l'herbe qu'il leur arrive parfois de rencontrer, tantôt en arrêtant les fuyards qui s'écartent au grandissime galop dans toutes les directions. Rien de plus curieux que de voir un troupeau de moutons passer une rivière : les plus petits massés sur chaque berge et les autres formant procession à travers le cours d'eau, les font ressembler à un déménagement de fourmis.

Les difficultés de la conduite d'un troupeau résident dans le soin qu'on doit donner aux éclopés, dans la bonne direction à maintenir lorsque les animaux passent sur la propriété d'autrui, afin de les empêcher de se mêler aux autres troupeaux, enfin dans le choix des emplacements pour le campement de midi et surtout pour celui de la nuit.

Une fois campés, les conducteurs de la caravane ne doivent plus dormir que d'un œil et se trouver prêts à la moindre alerte : la difficulté devient très grande lorsqu'il s'agit de maintenir le troupeau rassemblé et d'empêcher chaque animal d'errer au hasard.

Mais lorsqu'arrivent des nuits d'orage, c'est une véritable corvée, surtout pour la surveillance du gros bétail. Parfois, celui-ci s'affole ; alors des centaines de bêtes à corne épouvantées courent dans toutes les directions, brisent tout sur leur passage, ne voient plus rien, et l'on pense bien que dans cette circonstance ce n'est pas précisément une sinécure que de maintenir le mieux possible le troupeau que l'on conduit.

On peut calculer que, dans les conditions normales, un troupeau de bœufs fait six à huit lieues anglaises par jour et un troupeau de moutons quatre lieues.

Production de la laine dans les différentes provinces.

Maintenant que nous connaissons d'une manière générale les données principales relatives à la production de la laine en Australie, voyons rapidement ce qu'est cette production dans les différentes provinces de cette grande île : Nouvelles-Galles du Sud, Victoria, Queensland, Australie méridionale et Australie occidentale.

Les chiffres suivants concernant les années 1878 et 1884, et indiquant la quantité de moutons dans chacune d'elles et des îles environnantes, donneront une idée de la richesse pastorale de l'Australie entière :

Nouvelles-Galles du Sud.............	23,967,053	têtes.
Victoria...............................	9,379,376	—
Australie méridionale.................	6,377,812	—
Queensland............................	5,564,465	—
Australie occidentale.................	569,325	—
Tasmanie..............................	1,858,831	—
Nouvelle-Zélande.....................	13,069.338	—
TOTAL.................	61,066,100	têtes.

La *Nouvelle-Galles du Sud*, qui comprend la vaste région située au Sud-Est du continent australien, englobait autrefois Victoria et Queensland, qui en ont été détachées il y a environ vingt-cinq ans ; elle a aujourd'hui un développement de côtes de 1.200 kilomètres, compte au nombre de ses principaux ports : Botany-Bay, Port-Jackson, Port-Hunter, Port-Stephens, et possède comme villes principales : Sydney, Paramata, New-Castle, Maitland, Bathurst, Colburn et Port-Mocquarie ; sa population, depuis le recensement du 31 décembre 1885, était de 980,573 habitants.

L'accroissement de la production et du commerce lainiers y a été des plus rapides ; témoins les chiffres suivants :

En 1867, elle ne comptait que 11 millions 1/2 de moutons ; en 1878, le nombre en était porté à 25 millions de têtes, et en mars 1884, nous venons de voir que les statistiques lui en attribuent un total de 34 millions.

L'étendue des pâturages nécessaires à l'élevage s'est accru dans les mêmes proportions. En 1848, les prairies comprenaient dans cette province 41,700,000 acres ; de 1848 à 1860, ce territoire herbager s'est augmenté de 7,300,000 acres ; et de 1860 à 1874, il s'y ajoute 133 millions d'acres, c'est-à-dire un espace supérieur aux territoires réunis de la Grande-Bretagne, de la Belgique, de la Hollande, du Danemarck, de la Suisse et de la Grèce.

Enfin, l'exportation des laines qui, en 1867, n'était que de 21,708,000 livres est passée, en 1878, à 90 millions de livres, et atteint, en 1884, près de 168 millions de livres (exactement 82,900,000 kilogrammes).

C'est de Sydney que partent les principales expéditions de laines, ou plutôt de Port-Jackson qui lui sert de port.

L'augmentation des exportations, à partir de 1878, est en partie due à la création, à cette époque, du tronçon de chemin de fer qui a relié Junce à Waga-Wagga et qui, en permettant de créer des relations directes entre Sydney et le grand district lainier de Reverina, a fait affluer à Port-Jackson une partie des laines que l'on expédiait autrefois par Melbourne.

L'étendue de la province de Nouvelle-Galles, lui permet d'avoir une agriculture des plus variées, car elle touche, d'une part, vers le Nord, aux régions intertropicales de Queensland, et d'autre part, vers le Sud, aux zones plus tempérées de Victoria et de l'Australie méridionale, déjà soumises à l'influence du pôle austral. C'est ce qui explique que l'on y voit tout ensemble la plupart des fruits d'Europe ainsi que ceux d'Amérique (comme la canne à sucre, par exemple) ; c'est ce qui permet de comprendre aussi comment il se fait qu'en certaines années, comme par exemple en 1877-78, la sécheresse continue a pu, dans bien des régions, faire périr par le manque d'eau des milliers de moutons, alors que dans d'autres parties de la province, les troupeaux restaient indemnes. Mais, malgré cela, la Nouvelle-Galles du Sud n'en reste pas moins la plus prisée pour l'élevage du bétail.

Ajoutons qu'il y a dans cette colonie de forts beaux et grands établissements pour la fabrication des étoffes de laine.

La province de *Victoria* vient après la Nouvelle-Galles du Sud au point de vue de la production lainière ; elle est beaucoup plus petite

(227,619 kilomètres carrés, contre 800,763) — c'est même la plus petite de toutes — mais elle est plus peuplée, car au 31 décembre 1885 on lui donnait 991,869 habitants. Elle forme la partie Sud-Est du continent australien : sa capitale est Melbourne sur les bords du Yarra-Yarra, près de l'extrémité de la baie de Port-Philipp.

C'est surtout à Victoria qu'il faut appliquer ce que nous avons dit de la concurrence que l'exploitation de l'or y fait au squattage proprement dit, comme elle possède les plus riches mines de ce métal, nombre d'ouvriers préfèrent s'occuper dans les gisements que de prendre du service dans une branche quelconque de l'industrie pastorale. Il suit de là que le développement de l'élevage a été loin de suivre le même accroissement que dans la Nouvelle-Galles du Sud ; on attribuait à cette province en 1856, 4,642,000 moutons ; en 1867, 8,833,139 moutons ; en 1876, 11,749,532, et nous n'y trouvons plus, en 1883, que 10,638,000 moutons, ce qui démontre que les progrès y restent stationnaires ; mais il faut reconnaître cependant que dans cette partie de l'Australie les squatters ne négligent aucune occasion d'améliorer leurs races et font de grands efforts en ce sens : c'est là qu'on rencontre surtout les mérinos de Camden.

Le principal port expéditeur de laines de cette région est la baie de Port-Philipp, qui, à elle seule, envoie à l'Europe le quart de l'exportation totale australienne, dont elle reçoit envoi soit de la province elle-même, soit des autres parties de l'île par voie ferrée (en 1884, par exemple, 53,100,000 kilog. sur un total général de 223,310,000 kilog., y compris la Tasmanie et la Nouvelle-Zélande).

Les éleveurs de troupeaux sont en général des Écossais, les Anglais deviennent, le plus souvent agriculteurs. Mais il y a, en dehors d'eux, beaucoup d'Allemands et surtout des Chinois. Ces derniers sont une plaie pour l'hémisphère austral, en raison de la concurrence qu'ils font incessante aux ouvriers du pays.

Comme dans la Nouvelle-Galles du Sud, on y trouve nombre de fabriques d'étoffes de laine, et même, l'une des préoccupations principales de la province est de devenir un grand pays industriel. Les expositions de Victoria et de Melbourne ont surtout été organisées dans le dessein de montrer au vieux monde un nouveau rival, bien plus que dans l'intention de puiser des leçons dans l'expérience de l'Europe. Un système des plus rigoureux, d'ailleurs, frappe dans la province les importations européennes et autres, de droits très élevés, parfois prohibitifs, contrairement à la Nouvelle-Galles du Sud, où le système douanier se rapproche beaucoup plus du libre échange. Ce que veut avant tout le colon de Victoria, c'est se passer de l'Europe: du reste, il ne doute en rien de lui-même, ne se gêne pas pour baptiser du nom de travail colonial un objet dont les éléments sont importés, et copier les types de Paris, de Londres et d'Amérique pour ne pas les acheter dans les pays de production, il éprouve, en un mot, un sentiment tout paternel pour la colonie où il est né et professe une haute idée de sa capacité industrielle. L'avenir nous dira ce qu'il faut en penser.

La province de *Queensland* vient en troisième rang comme production de laine. Elle a une superficie plus grande que les deux précédentes (1,730,700 kilomètres carrés), mais elle est moins peuplée (326,916 habitants pour 1885). Le nombre des moutons qui était, en 1867, de 8,665,777 têtes, et en 1876, de 7,227,774, est aujourd'hui, d'après le recensement du 31 décembre 1884, de 9,309,000, et ne peut manquer d'augmenter encore, suivant toutes les prévisions.

L'intérieur de la province n'est, en effet, qu'un immense pâturage, et les squatters se sont beaucoup avancés vers le Nord, qui était, jusqu'en ces dernières années, considéré comme peu favorable à l'élevage.

De plus, la colonisation y fait des progrès d'année en année : Port-Damson, par exemple, fondé en 1871, est devenu l'entrepôt de la laine de la vallée de Burdekin ; Port-Hinchinbrook a été quelque temps après, le centre d'opérations d'une bande de squatters ; puis le port de Carweel a été fondé, presque sous le 18e parallèlé, etc.; de sorte, qu'actuellement la côte entière, fortement découpée, est devenue le siège d'un grand nombre de ports qui entretiennent, avec l'intérieur, un commerce actif.

L'*Australie méridionale* vient après Queensland, au point de vue de la production de la laine. Elle a une étendue beaucoup plus considérable (**2,239,870** kilomètres carrés), mais elle ne possède qu'un nombre d'habitants à peu près égal (**319,769** pour **1885**). Elle a pour capitale Adelaïde, reliée par une voie ferrée à un port plus profond où peuvent se tenir des navires de grand tonnage et d'où sont embarquées pour l'Europe les laines de la région.

Le nombre des moutons de cette province était de **3,911,610** en **1867**, il passe en **1876** à **6,179,385** têtes, et devient en **1884**, **9,309,000**. Les éleveurs passent pour ceux qui ont le mieux amélioré leurs toisons ; ils viennent au premier rang pour la production des laines fines.

Cependant, il faut le dire, l'Australie méridionale tend plutôt à devenir un pays de culture.

Certaines de ses parties, après avoir fourni leur nourriture aux premiers troupeaux de moutons, ont été livrées à la culture, non sans quelque succès. Il y a depuis plusieurs années, chez les colons de cette province, une tendance manifeste à cultiver tontes les zones susceptibles de l'être, en refoulant l'élève du bétail vers les parties montagneuses les plus pauvres. Voici d'ailleurs pour **1878** et pour l'Australasie entière la superficie cultivée (**6.594.754** acres, c'est-à-dire **2.638.000** d'hectares) qui se répartit ainsi :

Nouvelle-Galles	613,642	acres.
Victoria	1,609,278	—
Australie méridionale	2,001,319	—
Queensland	111,746	—
Australie occidentale	51,065	—
Tamasnie	143,797	—
Nouvelle-Zélande	2,053,910	—

Si nous mettons à part la Nouvelle-Zélande où le climat, beaucoup plus froid, est à peu près semblable au nôtre, on voit que c'est dans l'Australie méridionale que l'agriculture a pris le plus de développement.

L'*Australie occidentale*, que l'on place au dernier rang de la production lainière australienne, a une superficie qui approche en étendue les deux tiers de l'Europe entière (2,738,273 kilom. carrés), mais elle ne renferme que 35,186 habitants, d'après le recensement de 1885, c'est assez dire qu'elle est peu explorée.

Elle fait cependant quelque chemin sous ce rapport, car elle n'avait en 1867 que 16,000 habitants.

On y compte actuellement, d'après le recensement du 8 décembre 1884, 1,547,000 moutons. Il y en avait 178,000 en 1856, et 881,861 en 1876.

La *Nouvelle-Zélande*, de 106,000 kilom. carrés et peuplée de 382,420 habitants, compte 19,676 moutons. Cette province est formée, comme on le sait, de plusieurs îles qui portent les noms de Ile du Nord et Ile du Sud, et plus au midi de la petite île de Stewart; tout autour sont un grand nombre de petits îlôts, les îles de Chatam à 600 kilom. à l'est et les îles Aukland au sud. Mais il va sans dire que nous n'entendons parler que des îles du Nord et du Sud, seules exploitées, les autres n'étant habitées que par quelques centaines de baleiniers. Autrefois divisée en provinces fédérées, la Nouvelle-Zélande est soumise aujourd'hui à un seul gouvernement central, ayant son siège à Wellington, au midi de l'île du Nord, dans le détroit de Cook. C'est l'une des contrées les plus cultivées du globe, car proportionnellement à la population elle l'est six fois plus qu'en Belgique (406,000 hectares de terre sans culture et 1,432,000 hectares de prairies). Le chiffre des moutons y a toujours augmenté plus que dans les autres parties de l'Australie.

Enfin, mentionnons la *Tasmanie*, île de 68,311 kil. carrés, avec 130,541 habitants et 1,720,000 moutons.

Il nous reste maintenant à suivre la laine australienne dans les principaux entrepôts européens, vers lesquels elle est dirigée ; nous allons de ce chef étudier les transactions auxquelles elle donne lieu.

Le marché de Londres.

Le grand entrepôt des laines australiennes, c'est Londres. Ce textile y arrive sous deux états, soit lavé ou bien à dos (*fleece washed*) ou bien à chaud (*scoured*), soit en suint. Mais dans ces derniers temps les troupeaux ont tellement augmenté et les transports, en raison de l'augmentation des voies ferrées et fluviales, ont diminué de tant d'importance qu'on se passe bien souvent en Australie de l'opération du lavage, avec d'autant plus de raison qu'on est obligé d'y ménager l'eau le plus possible à cause de la fréquence des années de sécheresse. Les détenteurs du continent d'ailleurs préfèrent recevoir la laine à l'état brut. Il nous vient annuellement aujourd'hui en Europe 64 % de laine en suint, 27 % de laine à chaud et de 9 % lavée à dos.

Les conditions de vente de la laine à Londres ont été établies en 1838 par sept courtiers vendeurs : J.-B. Simes et Cie, Joseph Southey et son, Marsh et Edenborough, Longhnan et Hughes, Ebsworth Brothers et Ferry, Richard Dalton. Celles qui ont été alors édictées sont, à peu de chose près, les mêmes qu'aujourd'hui. Nous allons les indiquer tout à l'heure ; elles se trouvent imprimées sur la première page des catalogues d'adjudication.

Ces catalogues constituent des documents que l'on conserve à Londres avec le plus grand soin. Le plus ancien de ceux qui se trouvent dans les archives remonte au 19 octobre 1825, il est de MM. J.-B. Simes et Cie, les doyens de courtage. A cette époque, la vente avait lieu à l'extinction du feu d'une chandelle et se faisait au *Garraway's Coffee house*, Change alley, Cornhill, à une heure de l'après-midi. Quelques années après, elle eut lieu à cinq heures du soir.

A cette époque, les laines d'Australie n'étaient pas prisées comme elles le sont aujourd'hui : on avait même contre leur emploi certains préjugés qui ne finirent par disparaître complètement qu'en 1857 ; alors on les estima à leur véritabe valeur, et on leur donna des catalogues spéciaux ainsi qu'à celles de Cap.

On commença par vendre les laines en contrat privé et ce ne fut que plus tard qu'on recourut au système des enchères. Jusqu'en 1850, un lot se composa rarement de plus de 5 balles et un catalogue de 1,700 balles en 400 lots. Aujourd'hui, les catalogues comprennent de 11 à 12,000 balles en 7 et 800 lots, et l'on voit assez souvent des gros lots de 100 balles, sans que cependant l'on n'aille guère au-delà.

Les ventes n'étaient pas plus rapides alors qu'aujourd'hui. En 1861, par exemple, 284,104 balles furent 113 jours à être vendues. tandis qu'en 1884, on mit 111 jours à vendre 1 million 150,334 balles. Et cependant la dissimulation de suint ou autre sorte de valeur moindre dans une balle de lavé, voir même dans l'intérieur des toisons, n'était pas alors taxée de fraude comme maintenant. Mais on emballait moins régulièrement, et l'examen des balles comportait alors nécessité de les ouvrir toutes les unes après les autres. De nos jours non-seulement on va plus vite, mais les courtiers vendeurs ne s'en rapportent jamais en cas d'erreur notoire au cahier des charges qui les couvre, ils réparent généralement le dommage constaté avec une loyauté qui les honore.

Les ventes ont lieu maintenant à partir de quatre heures du soir et depuis 1874 dans un grand bâtiment appelé *Wool Exchange Building* situé 25, Coleman street, dans la Cité.

Elles se font quatre fois l'année, chacune durant environ un mois : 1° février-mars, 2° mai-juin, 3° août-septembre, et 4° novembre décembre.

Si le catalogue comprend de bonnes séries soigneusement classées, une heure suffit au vendeur expérimenté pour adjuger 300 à 350 lots.

Dans la vente des derniers mois de chaque année, on vend à la suite du gros du catalogue et sous le nom de *star lots* les balles de laine avariée et les petits lots de bonne laine de 1, 2 et 3 balles, sauf lorsqu'il s'agit de qualité supérieure. Il n'y a qu'un nombre assez limité d'acheteurs qui reste pour les star lots, mais la vente se prolonge alors parfois jusqu'à 7 heures 1/2 et 8 heures du soir.

C'est le courtier vendeur qui distribue les catalogues sur demande. Chaque courtier a son catalogue de couleur différente, sur la première page duquel sont toujours inscrites en anglais les lignes suivantes : « Vendues à l'encan, par............. à la Wool-Exchange, 25, Coleman Street, le.. ... 188..., à quatre précises les marchandises suivantes :......... » Suit le détail des balles à vendre. A la fin de la première page, viennent les conditions de vente. Au haut de la seconde page est indiqué l'endroit où se trouvent les marchandises. Vient ensuite le catalogue proprement dit, divisé en cinq colonnes : la 1re indiquant la qualité de la laine ; la 2e le nombre de lots, la 3e la marque ; la 4e la tare ; la 5e le nombre de balles.

Voici les conditions de vente telles que nous les traduisons :

« 1° Le plus offrant est l'acquéreur, et si quelque discussion s'élève entre les enchérisseurs d'un lot, elle devra être tranchée par les courtiers, à moins que l'un des ayants-droit ne fasse une surenchère : en ce cas, le lot lui est acquis ;

» 2° Les marchandises sont pesées par les gardes-magasins et enlevées par les acheteurs à eurs propres dépens, dans l'espace de quinze jours, avec toutes les fautes et les omissions de n'importe quelle nature (y compris défaut ou erreur de présentation). Une facture est donnée à chaque acheteur pour tout le montant de ses achats, et la délivrance des marchandises n'est pas faite avant le septième jour après le jour de vente, sous paiement intégral de la facture, ou, si cela ne peut se faire, d'une somme estimée équivalente en billets de caisse ou de la banque d'Angleterre, sans escompte ;

» 3° Les marchandises sont exemptes de loyer et au risque des vendeurs pour l'incendie, nonobstant quelque paiement qui puisse avoir été fait par l'acheteur aux courtiers, jusqu'à la sixième heure du soir du troisième jour de l'expiration du délai, à moins qu'elles n'aient été livrées des magasins ou transférées pour un nouveau logement dans les livres des gardes-magasins;

» 4° Les acheteurs paient aux courtiers 1 shelling par lot et doivent déposer 25 livres sterling par 100 livres sterling (si demande est faite), à n'importe quel moment durant et après la vente;

» 5° Et si un ou plusieurs lots restent impayés après l'expiration des quinze jours indiqués, le gage mentionné plus haut est complètement perdu, et l'acheteur est soumis ultérieurement à tous les dommages et charges qui peuvent venir s'ajouter à la nouvelle vente des mêmes marchandises qui pourra être faite suivant l'avis des courtiers par la vente publique ou contrat privé. »

Ajoutons que l'on ne peut acheter ou vendre de laines à la Wool-Exchange que par l'entremise d'un courtier. Les courtiers-vendeurs ou *selling brokers*, sont au nombre de 12 environ. Ils dressent les catalogues et reçoivent les assignations des maisons d'Angleterre ou du continent; ils peuvent être en même temps courtiers-acheteurs ou *buying brokers*. Ces derniers, au nombre de 12 ou 15, demandent généralement 1/2 % de commission; mais comme ce taux n'est pas obligatoire, on en voit qui prennent des ordres à 1 shilling par balle, voire même 3/8 ou 1/4 %, et il s'en est trouvé qui, dans certaines années, ont procédé par *season tiket* ou abonnement : ce n'est peut-être pas le dernier mot du progrès.

Muni de son catalogue, l'acheteur se rend aux docks ou aux magasins particuliers dans lesquels les laines sont exposées.

Les docks, affectés spécialement à l'emmagasinage de ces textiles, sont les *London-doks*, situés à l'Est de la Tour, construits en 1805, et occupant une superficie de plus de 48 hectares; quatre écluses les relient à la Tamise, mais le bassin qui y adhère n'est pas assez profond pour les grands navires qui sont obligés d'aller déposer les balles dans d'autres docks, le *West-Indian-docks*. Il y a là journellement de 300 à 400,000 balles.

Pour mettre ces balles dans les magasins appartenant soit à des Compagnies, soit à des particuliers, il faut payer 2 shellings par balle de 2 à 3 quintaux. Ces magasins sont généralement situés au dernier étage de maisons, de façon que le jour qui vient d'en haut ne soit pas obstrué : les laines sont là dans des locaux vastes et aérés où l'on parvient facilement à l'aide d'ascenseurs.

Les acheteurs y procède à leur examen, mais il faut évidemment qu'ils s'en rapportent un peu à la bonne foi des emballeurs et aux soins des classeurs. Généralement, ils prennent dans chaque balle, autant que possible, une toison entière, et la développent sur des tables installées à cet effet. Un acheteur expérimenté a vite estimé la valeur du rendement ; il écrit sur son catalogue, au moyen de chiffres connus, le prix qu'il ne veut pas dépasser, et se retire assez souvent de midi à une heure. A partir de quatre heures, au moment ou la vente commence à la Wool-Exchange, les balles sont refermées, enlevées et remplacées par d'autres qui prendront place dans les catalogues des jours suivants.

C'est à la *Chambre des courtiers* que se font le classement préalable et l'estimation des diverses laines qui se trouvent dans les magasins, à l'aide d'échantillons prélevés sur chaque balle. Là se rendent quelquefois les acheteurs, afin de connaitre par avance quelles laines vont être mises en vente et quelles sont les sortes qui pourraient leur convenir ; c'est seulement lorsqu'ils ont pris des renseignements que nombre d'entre eux se rendent alors dans les magasins ou aux docks. Cette Chambre des courtiers n'est autre qu'une immense salle bien éclairée par en haut du côté du nord, renfermant des casiers où l'on place des échantillons appartenant aux commissionnaires de la place : ces échantillons sont numérotés et répertoriés sur un registre spécial que l'on peut consulter, avec indication de la provenance et du navire expéditeur.

Les courtiers en laine ne sont et ne doivent être que les intermédiaires, il leur est interdit de travailler pour leur compte. Mais ils sont juges des difficultés qui peuvent s'élever entre les parties et ils prononcent les réfractions, c'est-à-dire le poids à défalquer des balles au moment de la livraison, lorsque celles-ci ont souffert quelque avarie ou que la qualité ne répond pas à l'indication donnée.

Mais rendons-nous à la salle de vente :

Rien de plus curieux qu'un jour de vente à Londres. Les bancs forment un fer à cheval devant la tribune où se trouvent le courtier-vendeur et deux vérificateurs, et les acheteurs, autour d'eux, le catalogue à la main, crient, se bousculent, s'agitent et se démènent en tous sens, soumettant leur corps et leurs poumons à une gymnastique dont ils ne semblent pas se rendre compte. La salle peut contenir, y compris les galeries, environ 600 personnes : elle est alors toujours remplie non seulement par les acheteurs, mais encore par des employés, représentants de peigneurs et d'expéditeurs, et même par des curieux,

On reçoit le lendemain de la vente un catalogue identique au précédent, sur lequel on a ajouté les prix de vente de la veille : on peut, de cette façon, facilement suivre les prix faits pour la saison.

Observons, cependant, que toutes les laines offertes ne sont pas absolument vendues ; un certain nombre sont retirées. Cette coutume maladroite est heureusement restreinte, elle ne se conçoit pas, d'ailleurs, pour un pays commerçant comme l'est la Grande-Bretagne.

Le jour d'ouverture des ventes est fixé environ 14 jours à l'avance par le comité des importateurs ; avant 1873, ce jour tombait toujours un jeudi ; depuis 1874, il est invariablement fixé au mardi. Une fois cette date connue, les divers courtiers-vendeurs se réunissent entre eux huit jours avant, ils arrêtent l'ordre des ventes et la durée approximative de la série.

Lorsque la vente est commencée, elle se poursuit sans relâche, sauf les dimanches, les jours de brouillard trop épais et les jours fériés. Ces derniers ne comprennent que les fêtes religieuses de Christmas (Noël) et du Vendredi-Saint, puis ce qu'on appelle les *bankholidays*, qui sont les lendemains de Noël, de Pâques et de

Pentecôte, et le premier lundi d'août, enfin *Derby-day*, fixé au quatrième mercredi de mai.

Comme nous l'avons dit, on ne fait jamais que quatre ventes par an ; ce n'est pas cependant qu'on n'en ait essayé cinq (notamment en **1840-41**, **1843-44**, **1846-50**, **1871-73** et **1885**) et même six (**1842**), mais le comité des importateurs a toujours fini par en revenir à quatre.

Pour donner une idée de ce qu'est le marché lainier de Londres, d'une manière générale, nous indiquons ci-dessous, pour ces dernières années, le nombre de balles de laines emportées et vendues sur cette place :

ANNÉES.	NOMBRE de balles importées.	NOMBRE de balles vendues par an.	NOMBRE de balles vendues par jour de vente.
1870	673.314	650.693	6.081
1871	693.990	748.176	6.394
1872	661.601	657.621	4.982
1873	708.021	718.119	5.319
1874	815.770	801.432	6.515
1875	874.218	875 408	7.175
1876	938.776	924.109	7.574
1877	893.757	987.130	6.951
1878	951.550	1.017.007	7.317
1879	1.002.150	1.025.084	8.334
1880	1 057.344	987.195	8.736
1881	1.126.022	1.123.038	8.573
1882	1.190.196	1.094.202	9.598
1883	1.177.708	1.198.976	10.610
1884	1.267.153	1.150.344	10.363

Londres est donc, comme on peut en juger par l'importance de ces chiffres, le grand marché régulateur de l'Angleterre. Ce sont les provenances d'Australie qui forment le principal appoint de son commerce lainier.

Nous venons de voir ce que deviennent les laines d'Australie sur le marché régulateur de Londres. Suivons les maintenant sur nos marchés français où elles donnent lieu à un commerce assez important.

Les marchés de France.

Mais auparavant, il nous semble intéressant d'indiquer à quels divers droits ces produits ont été soumis en France au cours des 50 dernières années que nous venons de traverser, afin qu'on puisse se rendre compte de la situation, pendant cette période, des détenteurs français à l'égard des commissionnaires anglais. Voici ces droits :

Loi du 2 *juillet* 1836 : Les laines d'Australie (comme toutes les laines coloniales du reste) sont soumises à un droit de 20 % *ad valorem* lorsqu'elles arrivent sous pavillon français, de 22 % lorsqu'elles viennent sous pavillon étranger.

Loi du 11 *juin* 1845 : Ces mêmes laines ne sont plus soumises qu'à un droit uniforme de 20 %, par navire français, mais paient 3 francs par 100 kilogr. en sus, lorsqu'elles viennent sous pavillon étranger.

Décret du 5 *mars* 1852 : Le droit est réduit à 15 % *ad valorem* pour les importations directes par navires français des pays situés au-delà du cap Horn et de cap de Bonne-Espérance.

Décret du 10 *mai* 1854 : Le droit ci-dessus est remplacé par un droit fixe de 25 fr. par 100 kilogr. pour les suints, 50 fr. pour les lavés à dos et 55 fr. pour les lavés à chaud.

Décret du 19 *janvier* 1856 : Les suints ou pelades paient 5 fr. par pavillon français et 15 fr. par pavillon étranger s'ils appartiennent à la catégorie des communs, 10 fr. par pavillon français et 20 fr. par pavillon étranger s'ils sont dans la catégorie des fins ; de même les lavés communs paient 10 fr. par pavillon français et 25 fr. par pavillon étranger ; les lavés fins 22 fr. 50 par pavillon français, 37 fr. 50 par pavillon étranger.

Loi du 5 *mai* 1860 : Les laines d'Australie sont exemptes de tous droits. (Les Cap paient alors 3 fr. par 100 kilog., plus le double décime sans distinction du pavillon.)

Décret du 18 *novembre* 1860 : Les laines d'Australie sont seulement exemptés par pavillon français, anglais ou d'un autre pays contractant, qu'elles soient importées directement ou indirectement.

Loi du 21 *juillet* 1873 : Abrogation de la surtaxe de pavillon relative aux Australiens.

Les principaux ports d'importation de laines en France, sont : Le Hâvre, Bordeaux, Marseille et Dunkerque. Nous allons étudier successivement à quelles transactions la laine d'Australie donne lieu dans chacun d'eux.

Au Hâvre, les laines d'Australie ne viennent qu'au second rang, après celles de La Plata. Elles sont d'ailleurs en grande majorité, exclusivement importées des entrepôts anglais. Mais néanmoins, les transactions auxquelles elles donnent souvent lieu sont assez importantes pour que nous nous arrêtions un instant sur cette place.

Les affaires s'y font le plus souvent en vente publique comme à Londres, elles sont alors soumises au règlement suivant délibéré et adopté le 12 décembre 1878 par l'assemblée générale des importateurs, et que nous reproduisons dans son entier :

« Article premier. — Le nombre des ventes publiques pendant l'année ne pourra excéder six, avec faculté de réduire ce nombre ; elles seront espacées aussi régulièrement que possible. La première de ces ventes commencera le 14 ou le 15 janvier, suivant les quantités à présenter.

Art. 2. — Le jour des ventes sera déterminé par les plus forts importateurs, qui auront un nombre de voix proportionnée à la quantité de laines dont ils seront détenteurs. Chaque détenteur sera tenu de déposer, avant de voter, la liste de son stock entre les mains du président de la réunion. Nul ne pourra être admis au vote s'il n'a pas 100 balles au moins ; pour cette quantité il sera accordé une voix; pour 250 balles, deux voix; pour 500 balles, trois voix; pour 1000 balles, quatre voix; pour 2,000 balles, cinq voix; pour 3,000 balles, six voix, etc. Seront comptées, comme balles, celles de la Plata, ou leur équivalent en poids pour les laines d'autres provenances.

Art. 3. — La décision aura lieu pour une vente seulement, au moins quinze jours avant chaque vente. Elle devra être communiquée immédiatement aux intéressés.

Art. 4. — Il sera donné, par ordre alphabétique, une liste des importateurs; elle se composera des noms de ceux qui auront adhéré avant le 31 décembre courant, au présent règlement. Les importateurs qui auront adhéré après l'époque ci-dessus fixée, ne pourront figurer dans les catalogues qu'après les adhérents régulièment inscrits.

Art. 5. — La liste des laines qui seront présentées aux enchères devra être déposée chez le courtier chargé de la rédaction des catalogues, avant midi, l'avant-dernier samedi précédent la vente : celles qui seront remises, passé ce délai, seront reportées à la fin du catalogue. Il ne sera plus admis de listes après le premier jeudi qui précèdera la vente.

Art. 6. — La vente aura toujours lieu dans l'ordre du catalogue, sans aucune interruption.

Art. 7. — La livraison des lots vendus se fera dans l'ordre du catalogue pour chaque magasin, par jour ou par section, et commencera le surlendemain du premier jour de la vente, à deux heures, pour être continuée sans interruption. Les soldes de lots feront l'objet de livraisons spéciales, et les vendeurs accorderont un délai de 15 jours pour demander cette livraison. »

Au Hâvre, les vendeurs en vente publique paient le courtage entier soit 1 %; ils ne paient 1/4 %, l'autre 1/4 étant payé par l'acheteur, que lorsque la transaction se fait de gré à gré. Comme tous les acheteurs font leurs affaires par l'intermédiaire de commissionnaires, ces derniers sont représentés dans les principaux centres de consommation, par des agents spéciaux qu'ils tiennent au courant des arrivages.

Après le port du Hâvre, voyons celui de Bordeaux.

Nous ne pouvons malheureusement que constater le peu d'importance de ce marché français pour l'importation des laines. Dans ces dix dernières années, il en a recu une certaine quantité de La Plata ; mais en 1885, le transit ne s'en est élevé que 2.173 balles. Aujourd'hui, ce sont les laines d'Espagne seules, qui se vendent sur cette place pour une moyenne annuelle de 1.500 balles environ ; les laines d'Australie n'y arrivent jamais directement.

Par contre, Bordeaux est le plus grand marché d'Europe pour les peaux de mouton : il a reçu entre autres, en 1885, de Buenos-Ayres et de Montevideo, 63.183 balles sur une production totale de 92.750 balles. Ces peaux donnent lieu, chaque année, à *cinq* enchères, parfois *six*, espacées par conséquent de deux mois en deux mois. Faute de communications directes, il ne vient de peaux d'Australie au Hâvre que d'une façon très irrégulière.

Voici les conditions d'enchères publiques sur cette place :

Article 1er. — La vente se fait par lots, tels qu'ils sont indiqués et en suivant l'ordre du catalogue, sans aucune interruption au kilogramme à l'acquitté.

Art. 2. — Les balles ayant été exposées à la vue des acheteurs, la marchandise est vendue telle quelle est sans aucune réfraction, sauf les avaries de mer qui sont réglées, s'il y en a, par le courtier chargé de la vente. Le nombre et le poids des douzaines ne sont indiqués qu'approximativement et sans aucune garantie de la part des vendeurs.

Art. 3. — La tare pour les peaux de mouton est de 500 grammes pour toile par balle, cercles déduits ; dans le cas où les balles seraient complètement enveloppées de toiles, tare 5 kil. par balle, cercles déduits.

Art. 4. — Payable comptant, escompte 1 1/2 %.

Art. 5. — La livraison des lots adjugés commence le lendemain de la vente, suivant l'ordre du catalogue, et est continuée sans interruption. Faute, par les adjudicataires, de se présenter à leur tour à la livraison, leurs lots sont pesés d'office ; et si l'enlèvement n'est pas effectué dans les dix jours, ils sont revendus à la folle enchère et à leurs frais, risques et déficit, sans aucun avertissement préalable.

Art. 6. — Le paiement se fait en espèces avant enlèvement de la marchandise.

Art. 7. — Tous les frais de vente et livraison sont à la charge des vendeurs, sauf un franc pour mille pour le bureau de bienfaisance, à la charge des vendeurs.

Art. 8. — Les acheteurs non domiciliés à Bordeaux, sont tenus de se faire représenter par une maison de la place, connue des vendeurs.

Art. 9. — Les enchères sont de 2 centimes 1/2, celles de vive-voix sont seules admises.

Art. 10. — Les détenteurs s'engagent à ne plus vendre de laines et peaux portées au catalogue, à partir du samedi 5 juin 1886 (soit environ 5 jours avant les enchères).

Passons à Marseille :

Voici les chiffres les plus récents concernant l'importation générale des laines ce port français :

TOTAL DES ARRIVAGES.

	POUR LA PLACE.	DE PASSAGE
1883...............	69.117 balles.	26.461 balles.
1884...............	68.293 »	41.940 »
1885...............	78.794 »	50.680 »

Sur cette importation, la laine d'Australie, est entrée pour :

	POUR LA PLACE.	DE PASSAGE.
1883...............	838 balles.	26.218 balles.
1884...............	1,820 »	31.246 »
1885...............	236 »	39,518

Toutes laines de passage sont dirigées sur l'Angleterre. Il en sera toujours ainsi, tant que le fret pour Londres en transbordement, ne coûtera pas plus cher que pour Marseille, et tant que le gouvernement ne fera pas une différence, au point de vue des droits d'entrée entre les provenances australiennes directes et celles des entrepôts de Londres.

Pour favoriser le commerce lainier entre Marseille et le Nord de la France, les Compagnies de chemins de fer ont consenti et obtenu l'homologation d'un tarif spécial à prix réduit (37 fr. la tonne). Mais ce qui entrave, jusqu'à un certain point, les transactions, c'est que ces mêmes laines, du moment où elles ont séjourné plus de trois mois dans les entrepôts de la ville, n'ont pas droit à bénéficier de ce tarif : c'est une restriction qui ne se comprend pas.

Il y a deux ans à peine qu'une ligne droite de navigation a été ouverte entre Marseille et l'Australie. — Il n'existe dans ce port aucun règlement spécial pour les ventes, qui, d'ailleurs, ne se font jamais publiquement.

Reste Dunkerque, notre Marseille du Nord, qui de tous les ports français, est celui qui reçoit le plus de laines de la Plata ; les laines d'Australie n'y arrivent que des entrepôts anglais. On peut juger de la différence dans la quantité des arrivages par les chiffres qui représentent l'importation de 1885, et que voici (en suint ou lavées) du 1er octobre à fin septembre :

De la Plata	52.640.389	kil.
De l'Uruguay	5.300.230	»
Des entrepôts anglais	2.113.455	»
De Russie	2.103.209	»
D'Algérie	1.198.430	»
Du Maroc	875.245	»
De Roumanie	102.717	»
De Turquie	93.575	»
De Belgique	42.307	»
De Danemarck	6.080	»

Il résulte de tout ceci, qu'en exceptant Marseille, aucun port français ne reçoit d'arrivages *directs* d'Australie (sauf pourtant Bordeaux pour les peaux), et que si, par une circonstance vraisemblable, tout commerce avec l'Angleterre nous était interdit, la filature française se verrait obligée de se reporter un moment sur les laines de la Planta. Il est vrai que celles-ci se prêtent à plus de transformations en filature que les laines australiennes, mais il n'en n'est pas moins vrai aussi que pour certains articles fins, ces dernières sont indispensables.

Nous ne pouvons compter ni sur Hambourg, qui ne reçoit que des laines du Cap et de Buenos-Ayres, ni sur Anvers qui s'est plutôt spécialisé dans le commerce de laines de l'Amérique du Sud et ne reçoit qu'assez peu de provenances australiennes. Il faut donc que nous songions à utiliser Dunkerque bien autrement qu'il ne l'est, et que nous nous apprenions à nous adresser à d'autres détenteurs qu'à nos concurrents d'Albion. Tel est notre conclusion.

Lille Imp. L. Danel.

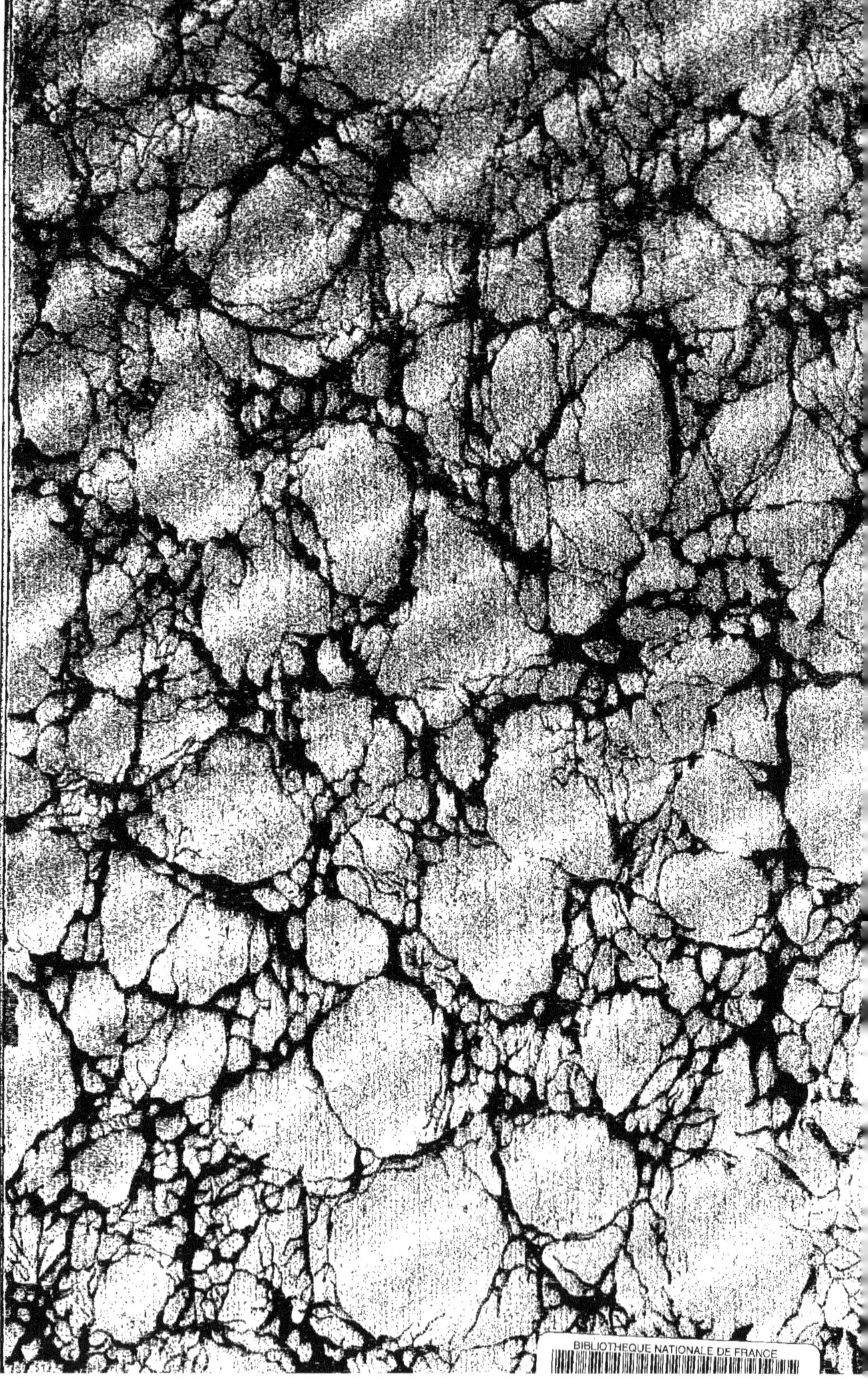

www.ingramcontent.com/pod-product-compliance
Ingram Content Group UK Ltd.
Pitfield, Milton Keynes, MK11 3LW, UK
UKHW021014200726
13857UKWH00004B/1455